MEMOIRE JUSTIFICATIF

POUR

JOSEPH BERTHELOT,

Ci-devant Capitaine d'infanterie, habitant le quartier de Sainte-Anne, dans l'île de la Guadeloupe.

A PARIS,

De l'imprimerie Expéditive et Economique, rue Ticquetonne, N°. 122.

AN XII — 1803.

MEMOIRE JUSTIFICATIF

Pour JOSEPH BERTHELOT, *ci-devant Capitaine d'infanterie, habitant le quartier de Sainte-Anne, dans l'île de la Guadeloupe.*

QUE des hommes irréprochables, contre lesquels la fureur et la calomnie auront dirigé leurs plus cruelles atteintes, soient traduits devant un tribunal, et réduits à la déplorable nécessité de se justifier, par cela seul qu'ils sont accusés, cela peut se concevoir; mais qu'un père de famille soit arraché des bras de ses enfans, jeté les fers aux pieds et aux mains, comme un vil scélérat, à fond de cale d'un bâtiment, et transporté, dans cet état, à deux mille lieues de ses foyers, parce qu'il aura été le secrétaire de tel individu; qu'il sera le parent de tel autre, et QU'IL PEUT ÊTRE NÉCESSAIRE A L'INSTRUCTION D'UNE PROCÉDURE; c'est une de ces conceptions criminelles que la passion et l'aveuglement peuvent seuls enfanter. C'est un genre d'outrage et d'injustice dont on chercherait vainement des exemples dans les fastes des peuples les plus féroces.

Tels sont, cependant, les étranges motifs qui ont

servi de base à un jugement d'un tribunal spécial établi à la Guadeloupe, par le contre-amiral Lacrosse, et en vertu duquel j'ai été renvoyé devant le tribunal criminel du département de la Seine, chargé de poursuivre les auteurs de l'insurrection qui éclata à la Pointe-à-Pitre, dans la force-armée, le 29 vendémiaire an 10. Tels sont aussi les traitemens horribles que les exécuteurs de ce jugement inoui me firent éprouver en m'amenant en France.

J'aurai donc, en parcourant les détails des faits, à démontrer une double injustice ; celle de ma traduction devant le tribunal spécial de la Guadeloupe, et celle de mon renvoi devant le tribunal criminel de la Seine.

Les moyens se pressent et se présentent naturellement d'eux-mêmes.

Je suis né à Dijon, département de la Côte d'Or.

En 1792, j'entrai, en qualité de sergent major, dans la compagnie des chasseurs du septième bataillon de Bordeaux.

Au mois de frimaire an 2, je fus nommé sous-lieutenant, et, peu de tems après, lieutenant de l'une des compagnies de chasseurs, dont on forma un bataillon à *Espellete*, dans le pays Basque.

Ce bataillon, commandé par le citoyen Boudet, aujourd'hui général de division, fut expédié, en 1794, aux Antilles, sous les ordres des citoyens Hugues et Chrétien, commissaires délégués de la Convention nationale, et contribua, par sa bravoure et par son intrépidité, à reconquérir la Guadeloupe sur les Anglais qui venaient de s'en emparer.

Je fus élevé, un mois après, au grade de capitaine, et j'obtins, à la fin de l'an 6, mon congé absolu, sur ma démission, qu'un mariage avantageux m'obligea d'offrir à mes supérieurs.

J'épousai mademoiselle Corneille, qui joignait à une fortune honnête, l'avantage d'appartenir à l'une des plus respectables familles de l'île.

Devenu, dès-lors, citoyen de cette colonie, je ne m'occupai plus que d'affaires domestiques, et de l'administration des biens que mon épouse m'avait apportés en dot.

Je fixai le lieu de ma résidence dans le quartier de Sainte-Anne.

Il serait inutile de retracer ici les événemens malheureux qui s'étaient succédés antérieurement dans la colonie, d'après les principes révolutionnaires que le contre-amiral *Lacrosse* y avait introduits en 1793. Le mémoire qui vient d'être publié par les habitans qui ont été chargés de l'administration provisoire, depuis le mois de brumaire an 10 jusqu'au 16 floréal suivant, fournit les effrayans détails des catastrophes sanglantes dont elle fut le théâtre; mais je dois dire que, depuis la reprise de la colonie sur les Anglais, tout était rentré dans l'ordre; que la tranquillité publique était entièrement rétablie, et que la culture était dans l'état le plus florissant, lorsque le contre-amiral *Lacrosse* y reparut, en prairial an 9, honoré par le Premier Consul du titre de capitaine-général.

Les causes des insurrections qui éclatèrent les 29

vendémiaire et 2 brumaire suivant, contre son autorité et contre sa personne, sont tellement connues ; elles sont développées avec tant d'exactitude dans le mémoire dont je viens de parler, que je dois me dispenser de m'y arrêter.

On sait aussi qu'après le départ du général *Lacrosse*, les habitans furent obligés, pour se préserver de l'anarchie et de la guerre civile, de confier provisoirement, et seulement jusques à l'arrivée d'un nouveau délégué du Gouvernement, l'administration de la colonie, à un conseil composé de quatre citoyens, qui réunirent les suffrages unanimes des habitans de tous les cantons, et qui ont si bien justifié par leur dévouement, par leur courage, par leur sagesse et par leur désintéressement, la confiance qu'on avait eue en eux.

Et en effet : ce fut à ce Conseil que la colonie dut son salut et la tranquillité dont elle eut le bonheur de jouir, même après les nouvelles secousses qu'elle venait d'éprouver.

Enfin le général *Richepance* fut désigné par le Gouvernement pour remplacer le capitaine-général *Lacrosse*. Il arriva à la Guadeloupe, avec une division de troupes françaises, le 16 floréal an 10.

Là cessèrent les fonctions du Conseil provisoire, qui s'empressa de déposer son autorité entre les mains de ce nouveau chef de la colonie.

Mais les rebelles s'agitèrent de nouveau ; ils opposèrent de la résistance aux troupes françaises, et il fallut les soumettre par la force des armes.

Les gages éclatans que les habitans de la Guadeloupe, et particulièrement, le chef de brigade *Pélage*, donnèrent, dans cette circonstance, de leur soumission au Gouvernement français, suffisent pour repousser toutes les calomnies dont le contre-amiral *Lacrosse* souillait sa correspondance, durant son séjour à la Dominique.

Mais quelques absurdes que fussent ces calomnies, elles avaient fait naître des préventions contre les habitans et contre les membres du Conseil provisoire, dans l'esprit du général *Richepance*, qui crut d'abord devoir se livrer à quelques mesures de rigueur dont il reconnut bientôt l'injustice : et je dois dire que je fus arrêté avec plusieurs autres habitans, peu de jours après son arrivée; mais qu'il s'empressa d'ordonner mon élargissement, et de m'autoriser *à rentrer dans mes foyers, et à faire librement mes affaires partout où j'en aurais*, en m'invitant de continuer à me conduire comme je l'avais fait jusqu'alors (1).

Cependant les membres du Conseil provisoire obtinrent, du général *Richepance*, la permission de passer en France avec leurs familles, pour rendre compte au Gouvernement de leur administration.

Peu de tems après, le contre-amiral *Lacrosse* vint de la Dominique reprendre ses fonctions de capitaine-général; et la colonie eut le malheur de voir succomber le général *Richepance* à la maladie du climat.

Le contre-amiral *Lacrosse* signala son retour dans

---

(1) Voyez Pièces justificatives, à la fin du Mémoire, n°. 2.

la colonie, et l'exercice de sa nouvelle puissance par la création d'un tribunal spécial dont il combina la composition avec ses projets de vengeance et avec les scènes de carnage et d'horreur dont il allait offrir le spectacle épouvantable à la Guadeloupe.

Les incarcérations, les échaffauds et les supplices marquèrent les premiers momens de l'existence de ce tribunal.

Le mémoire que j'ai déjà cité, et auquel je crois devoir renvoyer mes lecteurs, contient les affreux détails des cruautés jusqu'alors inconnues qui furent exercées sur les malheureuses victimes de ces nouveaux persécuteurs.

Le contre-amiral *Lacrosse* ne voyait plus dans les habitans de la Guadeloupe que des conspirateurs ou les complices des auteurs de l'insurrection qui avait éclaté le 29 vendémiaire an 10.

J'avais rempli les fonctions de chef de bureau de l'état-major du chef de brigade *Pélage*, commandant provisoire de la colonie. D'un autre côté, j'étais le beau-frère de *Corneille*, membre du Conseil provisoire. Je fus donc, aux yeux du contre-amiral *Lacrosse*, un rebelle contre lequel il fallait déployer la plus rigoureuse sévérité.

Je fus arrêté le 18 vendémiaire an 11 sur l'ordre qu'il en donna au citoyen *Pillet*, commandant de la place à la Pointe-à-Pitre, et traduit dans les prisons de cette ville.

Il n'existait aucune dénonciation contre moi, aucun fait à ma charge : je fus élargi trente-trois jours après.

Vingt-quatre heures s'étaient à peine écoulées que je fus réintégré dans les mêmes prisons, et transféré dans celles de la Basse-Terre, où le contre-amiral *Lacrosse* avait fixé sa résid nce. Il y fit également transférer le tribunal spécial, sans doute pour me faire juger, et pour diriger plus commodément ses décisions.

Il venait d'en renouveler les membres, parce que ceux qui le composaient d'abord n'avaient pas condamné à mort, mais seulement à la déportation le citoyen *Mondé*, officier d'artillerie qui s'était distingué dans plusieurs occasions.

Ce fait est public à la Guadeloupe, et suffit pour donner une idée du despotisme odieux que le contre-amiral *Lacrosse* y exerçait.

Enfin, le 23 frimaire an 11, je comparus à l'audience publique de ce tribunal.

Quoiqu'entièrement dévoué au contre-amiral *Lacrosse*, quoique n'agissant que par ses ordres et par sa volonté, le président ne put s'empêcher de témoigner sa surprise, et de dire publiquement « qu'il » n'existait ni dénonciation, ni inculpation contre » moi; que d'ailleurs le tribunal n'ayant été établi » que pour connaître des troubles et des événemens » qui avaient eu lieu seulement depuis l'arrivée du » général *Richepance*, et non pas de ce qui était » relatif à la journée du 29 vendémiaire, je ne de» vais pas être mis en jugement. »

Le commissaire du gouvernement déclara de son côté « qu'il n'avait aucun fait à m'imputer. »

Cependant ils se décidèrent à me juger.

Les débats se bornèrent à cette seule question : « N'avez-vous pas été secrétaire de *Pélage ?* »

Sur ma réponse affirmative, on ajouta *que je pourrais donner des renseignemens sur l'événement du* 29 *vendémiaire an* 10.

Quoiqu'obligé de me défendre moi-même, il ne me fut pas difficile de prouver que cet événement ayant eu lieu à la Pointe-à-Pitre, il était impossible que je pusse donner les renseignemens que l'on desirait, puisque j'habitais à cette époque la commune de Sainte-Anne, et que je n'étais devenu le secrétaire du citoyen *Pélage* que deux mois après l'événement.

On me renvoya pour passer aux opinions, et l'on me donna ensuite lecture du jugement qui avait été rendu contre moi.

Je vais transcrire littéralement la copie qui m'en fut signifiée deux jours après par le greffier du tribunal.

« *Extrait des registres du greffe du tribunal spécial* » *séant à la Basse-Terre, Guadeloupe.* »

« Séance du 23 frimaire an 11 de la république française. »

« Le tribunal spécial établi, etc., s'étant réuni, etc.

» Le commissaire du gouvernement a fait traduire et comparaître,

« *Joseph Berthelot*, âgé de 40 ans, natif de Dijon, département de la Côte-d'Or, demeurant au quartier Sainte-Anne.

» Ouï le prévenu en ses réponses, sa défense, etc,

» et le commissaire du Gouvernement en ses conclusions;

» Le tribunal a reconnu que *Joseph Berthelot* peut être considéré de complicité dans la rebellion du 29 vendémiaire envers le capitaine-général *Lacrosse*, ayant été le secrétaire de *Pélage*, et étant le beau-frère de *Corneille*, membre du soi-disant Conseil provisoire des insurgés;

» Et considérant que l'insurgé *Pélage* et ses complices ont été envoyés en France pour y être jugés, et que *Joseph Berthelot* peut être nécessaire à l'instruction du procès, attendu ses liaisons avec *Corneille*, et ayant été le secrétaire de *Pélage*:

» Ordonne que ledit *Berthelot* sera mis à la disposition du capitaine-général pour être embarqué pour France, et adressé au ministre de la marine et des colonies.

« Le présent jugement sera, etc. Fait, arrêté et prononcé séance publique tenante, et sans désemparer, etc., et ont les membres présens du tribunal signé. Ainsi, *signé* au registre. AUBERT, FRICK, BERTÉ, DE LIGNAC, LA BARTE SAINTE-FOY, D'ANTHOUARS, GATEREAU et LE DEUFF.

» Collationné conforme au registre, LE DEUFF, secrétaire-greffier.

» Le présent jugement a été signifié par nous greffier, à défaut d'huissier, commis à cet effet, au sieur *Joseph Berthelot*, en parlant à sa personne, entre les deux guichets de la geole, en présence du citoyen *Desnoux*, concierge de la prison.

» Basse-Terre, le 25 frimaire an 11 de la république
» française, *signé* LE DEUFF, secrétaire-greffier. »

C'est en vertu de ce jugement, aussi ridicule qu'atroce, que j'ai été conduit en France, et jeté dans les prisons de la Conciergerie de Paris.

Qui ne reconnaît, ici, la main du citoyen *Lacrosse*, et l'esprit de persécution et de fureur dont il a été constamment animé contre les infortunés habitans de la Guadeloupe?

Qui ne voit que c'est le ressentiment et la vengeance qui ont dicté ce honteux monument d'ineptie, d'ignorance et de perversité?

En effet, on a déjà vu que le général *Richepance*, trompé par les suggestions perfides des officiers de l'état-major du contre-amiral *Lacrosse*, lesquels s'étaient empressés de l'entourer à son arrivé dans la colonie, s'était laissé entraîner dans des mesures de rigueur, et qu'il m'avait fait arrêter, ainsi qu'une infinité d'autres habitans; mais que, mieux instruit, il avait ordonné mon élargissement, et m'avait autorisé à vaquer à mes affaires comme à l'ordinaire, en m'invitant à continuer à me conduire comme je l'avais toujours fait.

De quel droit et à quel propos le contre-amiral *Lacrosse* s'est-il donc permis de me faire arrêter de nouveau, de me traîner d'une prison à l'autre, de me faire comparaître devant un tribunal spécial, de m'y faire juger, et de m'envoyer en France?

Etait-ce parce que le général *Richepance* avait reconnu que j'étais étranger aux événemens du 29 vendémiaire, et que ma conduite était irréprochable?

Mais ce motif serait un outrage à la mémoire de ce général.

Serait-ce, comme on a osé le dire dans le jugement, parce que *j'avais été le secrétaire de Pélage, qne j'étais le beau-frère de Corneille, et que je pouvais être utile à l'instruction de la procédure qu'on instruisait contre eux?*

Mais d'abord je n'ai été le secrétaire du citoyen *Pélage*, comme je l'ai déjà observé, que deux mois après le 29 vendémiaire, et il est notoire que j'habitais la commune de Sainte-Anne à l'époque de ces événemens, auxquels j'étais parconséquent absolument étranger, je ne pouvais donc être d'aucune utilité à l'instruction de la procédure qui s'instruisait devant le tribunal de la Seine. Cela est sans réplique.

Quant au reproche d'être le parent ou le beau-frère du citoyen *Corneille*, je ne vois pas quelle induction défavorable le citoyen *Lacrosse* pourrait en tirer contre moi; car je me suis toujours honoré et je m'honore encore aujourd'hui d'être allié d'une famille qui jouit de la considération de tous les gens de bien de la Guadeloupe. Et n'importe que le citoyen *Corneille* ait été membre du Conseil provisoire, il a acquis par-là, comme tous ses collègues, un titre de plus à mon estime particulière, et à celle de tous les habitans de la colonie. Et c'est ici le cas de renvoyer le citoyen *Lacrosse* lui-même au mémoire publié par le conseil provisoire, et qui contient tous les détails de son administration.

Au surplus, si c'est par des motifs semblables que le citoyen *Lacrosse* voulait m'accuser, il pouvait les multiplier à l'infini, et me faire figurer à côté du citoyen *Frasans* et du citoyen *Piaud*, l'un membre, et l'autre secrétaire du Conseil provisoire. Il pouvait m'accuser d'être le compatriote du citoyen *Frasans*, et d'être né comme lui à Dijon. Il pouvait, surtout, m'accuser d'avoir combattu avec le citoyen *Piaud* dans les rangs du bataillon qui reconquit la Guadeloupe sur les Anglais, et qui les chassa de la Colonie; il m'eût par ce moyen mis en jeu avec tous les membres du Conseil provisoire.

Il faut l'avouer: on ne sait lequel des deux sentimens ou de l'indignation, ou de la pitié, doit l'emporter quand on voit un homme revêtu d'une grande autorité, s'abandonner ainsi aux déréglemens de son imagination, et à toutes les fureurs du ressentiment et de la vengeance.

Si les observations que je viens de faire ne suffisaient pas pour démontrer l'iniquité du jugement dont je me plains; j'ajouterais qu'il ne fut précédé d'aucun mandat d'amener, d'aucune procédure, d'aucun interrogatoire, d'aucun mandat d'arrêt, et que, comme si le citoyen *Lacrosse* eût voulu non pas égaler, mais surpasser les tribunaux révolutionnaires qui ensanglantèrent pendant si long-temps la France, il n'y eût pas même d'acte d'accusation dressé contre moi, nul témoin ne fut entendu.

Ce fut donc en violant toutes les formes, en foulant aux pieds toutes les règles de la justice, que le citoyen *Lacrosse* parvint à grossir le nombre de ses victimes, en m'envoyant en France.

Voilà comment le citoyen *Lacrosse* administra la justice pendant son dernier séjour à la Guadeloupe.

Ce fut avec de semblables jugemens, que des vieillards, des femmes, des enfans, des hommes de toutes les couleurs, furent envoyés à la mort, et que les uns périrent sur la roue, d'autres dans les flammes.

Il était réservé au citoyen *Lacrosse*, pour la honte de l'humanité, de prouver jusqu'à quel degré de cruauté peut atteindre l'homme puissant qui ne connaît plus de frein, et qui ne se dirige que par ses passions, par la haîne et par la vengeance.

Mais je m'arrête pour ne pas fatiguer la sensibilité de mes lecteurs, par les détails déchirans de toutes les scènes d'horreur dont j'ai été moi-même le témoin. Je passerai même sous silence les traitemens affreux que les agens du citoyen *Lacrosse* m'ont fait éprouver dans la traversée de la Guadeloupe à Toulon. Je dirai seulement, pour donner une légère idée de leur humanité, qu'ils m'ont fait faire ce long trajet les fers aux pieds et aux mains, et à fond de cale du bâtiment.

Je crois avoir suffisamment démontré l'injustice de ma traduction devant le Tribunal spécial de la Guadeloupe, et du jugement qui en fut la suite; je vais maintenant prouver, en deux mots, l'injustice de mon renvoi devant le Tribunal criminel du Département de la Seine.

Si j'étais obligé de me justifier sur les événemens du 29 vendémiaire, et du 2 brumaire suivant, ce serait encore le jugement du Tribunal de la Guadeloupe que j'invoquerais; car les seuls reproches que le citoyen *Lacrosse* soit parvenu à me faire, malgré son ressentiment, et toutes les recherches qu'il a faites sur ma conduite, se réduisent à *ce que j'ai été le secrétaire de Pélage, et le beau-frère de Corneille.*

Or, je l'ai déjà dit, et il est notoire à la Guadeloupe 1°. qu'à l'époque de ces deux événemens, j'étais dans le quartier de Sainte-Anne que j'habitais depuis plusieurs années.

2°. Que je ne me suis rendu à la Pointe-à-Pitre, sur l'invitation du citoyen *Pélage*, que deux mois après, c'est-à-dire, le 26 frimaire pour y remplir les fonctions passives de chef de bureau de l'état-major, fonctions que je n'acceptai que d'après l'assurance positive qu'il me donna que ce ne serait que pour un tems très-court, puisqu'on attendait de France un nouveau capitaine-général, avec une division de troupes (1).

Je fus donc étranger aux deux événemens dont il s'agit, il était donc impossible que je fusse nécessaire à la procédure que le tribunal de la Seine instruit à ce sujet.

Quant au reproche d'être le beau-frère du citoyen *Corneille*, il est tellement dérisoire, qu'il ne mérite aucune réponse sérieuse.

---

(1) Voyez Pièces justificatives, n°. 1.

Si, dans les détails que je viens de tracer, j'ai rappelé en substance les égaremens du citoyen *Lacrosse*, c'est le citoyen *Lacrosse* lui-même qui m'y a forcé par l'injustice révoltante qu'il commit à mon égard, et par la nécessité où il m'a placé de publier ma justification, et de prouver mon innocence au tribunal auquel j'ai été renvoyé.

C'est aux magistrats respectables qui le composent, à proscrire l'acte tyrannique qui m'amène devant eux, et c'est de leur intégrité et de leur justice que j'attends avec la plus respectueuse confiance le terme prochain de mon injuste détention.

BERTHELOT.

Nota. Pendant que ce mémoire était sous presse, le tribunal criminel de la Seine convaincu de mon innocence, a ordonné mon élargissement.

PIÈCES JUSTIFICATIVES.

N°. 1.

RÉPUBLIQUE FRANÇAISE.

LIBERTÉ. ÉGALITÉ.

Au quartier général du Port de la Liberté, île Guadeloupe, le 26 frimaire an 10 de la République.

MAGLOIRE PELAGE, chef de brigade d'infanterie, commandant en chef la force armée de la Guadeloupe et dépendances.

Au cit. BERTHELOT, *capitaine d'infanterie, congédié.*

VOUS voudrez bien, Citoyen, vous rendre de suite au bureau de l'état-major, vous ayant désigné pour Chef de ce bureau; vous vous présenterez au Commissaire des guerres chargé de la police des troupes, pour faire enregistrer la présente. Vous jouirez des appointemens de Capitaine-adjoint à l'état-major, à compter du premier nivose prochain.

Salut et fraternité. PELAGE.

Enregistré au bureau des troupes, sur le registre des enregistremens des ordres, brevets et commissions; ce 11 pluviose an 10 de la République, *au folio* 14 *recto.*

Le sous-Commissaire de Marine, BOMPUIS.

N°. 2.

ARMÉE DE LA GUADELOUPE.

RÉPUBLIQUE FRANÇAISE.

LIBERTÉ. ÉGALITÉ.

ÉTAT-MAJOR GÉNÉRAL.

Au quartier-général de la Basse-Terre, île Guadeloupe, le 2 messidor, an 10 de la République.

MENARD, adjudant-commandant, chef de l'état-major général.

D'après les ordres du Général en chef, il est permis au cit. Berthelot, habitant de Sainte-Anne, de rentrer dans ses foyers, et de faire librement ses affaires par-tout où il en aura.

Invite les Autorités civiles et militaires à le laisser librement circuler.

MENARD.

www.ingramcontent.com/pod-product-compliance
Lightning Source LLC
LaVergne TN
LVHW052037160826
845678LV00003B/1390
9782329635866